Texte de Lili Chartrand
Illustrations de Mathieu Benoit

D0896260

Fanfan
et le fabuleux trésor

la courte échelle

Les éditions de la courte échelle inc.
160, rue Saint-Viateur Est, bureau 404
Montréal (Québec) H2T 1A8
www.courteechelle.com

Révision : Leïla Turki

Conception graphique : Kuizin Studio

Dépôt légal, 1er trimestre 2013
Bibliothèque nationale du Québec

La courte échelle reconnaît l'aide financière du gouvernement du Canada par l'entremise du Fonds du livre du Canada pour ses activités d'édition. La courte échelle est aussi inscrite au programme de subvention globale du Conseil des arts du Canada et reçoit l'appui du gouvernement du Québec par l'intermédiaire de la SODEC.

La courte échelle bénéficie également du Programme de crédit d'impôt pour l'édition de livres — Gestion SODEC — du gouvernement du Québec.

Catalogage avant publication de Bibliothèque et Archives nationales du Québec et Bibliothèque et Archives Canada

Chartrand, Lili

    Fanfan

    Sommaire : t. 2. Fanfan et le fabuleux trésor.

    Pour enfants de 6 ans et plus.

    ISBN 978-2-89651-353-6 (v. 2)

    I. Benoit, Mathieu. II. Titre. III. Fanfan et le fabuleux trésor.

PS8555.H4305F36 2013   jC843'.6   C2012-942202-9
PS9555.H4305F36 2013

Imprimé en Chine

Aux petits trésors

À la découverte des personnages

Fanfan

Fanfan a six ans. C'est un petit fantôme espiègle. Il habite dans un château en ruine. Tout seul, Fanfan s'ennuie. Il rêve d'avoir un ami.

Lulu

Lulu a six ans. C'est une petite fille coquine et sensible. Elle voit les fantômes, comme son chien, Freddy. Elle rêve d'avoir un ami spécial.

À la découverte de l'histoire

Chapitre 1
La chasse au trésor

Aujourd'hui, il pleut. Il n'y a pas de visiteurs au château. Fanfan propose à Lulu et à Freddy une chasse au trésor.

Lulu s'étonne :

— Il y a un trésor dans
le château ?

Fanfan répond :

— Je suis sûr que oui ! Le château
appartenait à un pirate.

Les trois amis fouillent les pièces du château, sans succès. Ensuite, ils explorent les oubliettes. Il y a trois squelettes, mais ils ne trouvent pas de cachette secrète.

Dans la tour, il n'y a pas de trésor non plus, juste un vieux tableau. Tout à coup, Freddy se met à japper comme un fou.

Chapitre 2
La devinette

Freddy gratte une des marches de la tour. La pierre s'effrite sous ses griffes.

Un trou apparaît. Fanfan
s'exclame :
— La marche est creuse !

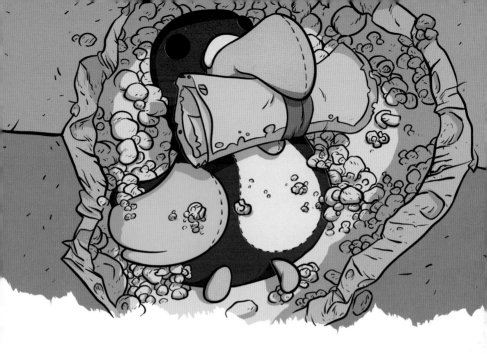

Lulu frappe la marche avec
une roche. La marche éclate
en mille morceaux ! Les trois
amis voient alors un perroquet
empaillé. Il tient dans son bec
un message.

Lulu lit le message :

— *Dans l'eau, je suis le roi des flots. Sur la terre, je suis figé comme une pierre.* C'est une devinette !

Chapitre 3
Le trésor

Fanfan et Lulu réfléchissent.
Tout à coup, Lulu déclare :
— C'est une baleine !

Fanfan s'exclame :
— Non, j'ai deviné, c'est
un bateau ! C'est le bateau
du vieux tableau !

Lulu décroche la peinture.
Un ruban adhésif est collé à
l'arrière de la toile. La fillette
l'arrache d'un coup sec.

Une bague tombe sur le sol.
Lulu la met à son doigt. La
fillette devient transparente,
comme un fantôme !

Mais dès qu'elle enlève la bague,
elle redevient visible !

Chapitre 4
Quelle frousse !

Fanfan est fou de joie.
— Avec ce fabuleux trésor,
on va s'amuser très fort !
Soudain, les trois amis
entendent quelqu'un
qui monte les marches.

Fanfan s'écrie :

— Lulu, remets vite ta bague !
De nouveau invisible, Lulu fait
« hou hou hou ! » dans les oreilles
du visiteur.

Puis Lulu lui chatouille le bout du nez. Le visiteur change de couleur.

Il descend les marches à toute vitesse en criant :

— Au secours ! Un fantôme !

Fanfan et Lulu éclatent de rire.
Tout content, Freddy pousse
trois jappements.

Ravi, Fanfan conclut :

— Deux fantômes au château,
c'est bien plus rigolo !

Glossaire

Adhésif : collant.

Empailler : remplir de paille.

S'effriter : tomber en poussière.

Oubliette : lieu où les prisonniers étaient enfermés pour toujours.

À la découverte
des jeux

Un trésor de rêve

Dessine le trésor de tes rêves. S'agit-il de jouets, de bijoux, de bonbons ?

Une bague magique

Imagine que tu trouves
une bague magique.
Quels pouvoirs a-t-elle ?

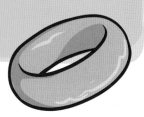

Découvre d'autres activités au
www.courteechelle.com

Table des matières